다시 한번 사랑을

다시 한 번 사랑을

2025년 3월 28일 초판 1쇄 인쇄 발행

지 은 이 | 이지선
펴 낸 이 | 박종래
펴 낸 곳 | 도서출판 명성서림

등록번호 | 301-2014-013
주   소 | 04625 서울시 중구 필동로 6 (2, 3층)
대표전화 | 02)2277-2800
팩   스 | 02)2277-8945
이 메 일 | msprint8944@naver.com

값 15,000원
ISBN 979-11-94200-77-2

※ 잘못된 책은 교환해 드립니다.
※ 이 책 내용의 일부 또는 전부를 재사용하려면 반드시 저작권자의 동의를 얻어야 합니다.

다시 한 번 사랑을

이지선 디카시집 2

도서
출판 **명성서림**

작가의 인사말

무한한 우주에 아주 작은 푸른 별 지구에서
방랑자로 살고 있음에 감사할 때
모든 사물이 내게 말을 걸어옵니다
그 찰나에
들고 있는 핸드폰으로 대화를 시작합니다

존재하는 모든 것은
나름의 사연들이 있습니다
상처를 아름다운 모습으로 나누어 주고
지금 달리고 싶지만, 묶여있는 사연과
흙수저로 태어나 더 많이 땀을 흘려야 하는 분노와
저승에서 만나고 싶지 않은 이승의 관계로
아픔을 호소합니다

영혼이 탈출한 인간의 모습에 절망하면서도
그러면서도 다시 한 번 사랑을 시작할 희망으로
오늘을 살고 있는 지구 안의 모든 존재를 사랑합니다

그들의 모습과 그들과의 대화를
독자들과 공유하고자 이 책을
세상에 보냅니다.

저자 이지선 드림

| 목 차 |

1. 오늘이 내게 말을 걸었다   28편

2. 지구의 방랑자   20편

3. 상처가 아름다울 때   21편

4. 개새끼라고 부르기엔   21편

5. 달려라 지금   20편

6. 흙수저로 태어나다   25편

7. 저승에서 만나면   22편

8. 다시 한 번 사랑을   24편

09 / 오늘은
10 / 너의 오늘이길
11 / 석양은
13 / 태어날 때
14 / 간절함
15 / 어둠에 점령당하다
17 / 그림자
18 / 시간을 잡다
19 / 우주와 지구를 잇는 길
20 / 섬 탈출하기
21 / 바다가 만든 길
23 / 삶의 자리
24 / 상극 관계
25 / 네 사랑을 축복해

26 / 풍경화
27 / 외로움의 이유
29 / 동해 지킴이
30 / 흔적
31 / 휴가 중
32 / 휴전 중
34 / 마지막 식량창고
35 / 장수한다는 것은
37 / 내 안에 살고 있는 바늘 하나
38 / 고독을 즐기는 중
40 / 데이트 장소
41 / 네 정체는
42 / 편하다 보니
43 / 우연의 일치

이지선 DICAPOEM

1

오늘이 내게 말을 걸었다

오늘은

처음이자 마지막
시작과 끝인 삶에 정점에서
찬란한 아픔을 느끼는 시간

너의 오늘이길

가장 빠른 자가
찰나를 잡을 수 있음을
체험하는 날이길

석양은

할 일 깔끔히 마무리하고
온 열정을 다해 빛을 내주어
더 아름다운 거야

태어날 때

밝지 않아도 괜찮아

빛은 구름보다 강하거든

너는 그대로 완전해

간절함

갯벌일수록
빛이 있어야
살아있는 것들이
희망을 품을 수 있어

어둠에 점령당하다

밤하늘을 바라보는 건
어둠을 보기 위해서가 아니야
최선을 다 했지만, 역부족일 때가 있어
너무 애쓰지 마!
어둠은 너 혼자 밀어 낼 수 없으니

이지선

그림자

행복과 불행의 뒷면
빛이 있는 곳에 함께 하나니
영혼만 있는 곳엔
없는 그림자

이지선

시간을 잡다

사다리를 타고
해 잡으러 가자
시간을 꽁꽁 묶어
매달고 오자

우주와 지구를 잇는 길

우주 안에 한 점 지구
지구 안에 모래 한 점인 나
혈관처럼 이어진
존재의 관계성

이지선

섬 탈출하기

다리를 놓으면
수영을 잘하면
배를 만들면
그중에 제일 잘하는 걸
지금하면

바다가 만든 길

자연이 만든 길은 자연스럽다
인간이 만든 길보다는
효율적이지 않지만
그래서 아름답다

삶의 자리

천국을 만든 자는
천국을 모르고
지옥을 만든 자는
지옥에서 산다

상극 관계

같이 있으니
참 조화롭네

네 사랑을 축복해

사랑은
마땅히 축복받아야 해
지구 멸망을 막아주는
위대한 작업이지

이지선

풍경화

내 아픔도
멀리서 보면
시詩의 한 구절이다

외로움의 이유

혼자라서 외로운 게 아니야
빛을 혼자 밝혀야 해서
외로운 거야

동해 지킴이

네가 서 있는 자리
각자의 자리를
굳건히 지키렴

흔적

뜨거운 사랑보다
끈적이는 정이
지우고 나서도 흔적이 남더라

휴가 중

파도를 가르며 많이도 흔들렸지
멀리서 보니 그 모습도 아름답네
힘찬 출항을 준비하기 위해
닻과 방향키를 다독이며
기력을 충전하는 중이야

휴전 중

싸우다 열 식히느라
숨 고르는 멧돼지
남북한 기 싸움하듯

마지막 식량창고

신이 인간을 위한 마지막 식량을
바다에 감추어 놓았다는데
창고가 무너져 가고 있네

장수한다는 것은

나이를 먹고
기품을 배설해야
온전한 장수다

내 안에 살고 있는 바늘 하나

이따금 심장을 찌르고
하늘까지 찌른다
그러다 제풀에 겨워 쓰러진다
수술로도 꺼내지 못해 깊은 숨을 내쉰다

고독을 즐기는 중

고독해 보지 않은 자는
자기를 만나본 사람이 아니야
자기를 만나본 사람만이
깊게 고개를 숙일 줄 알아

데이트 장소

뜨거울 땐 식혀주고

싱거울 땐 간을 맞혀 줄 거야

여기 있으면

네 정체는

양파는 까면 끝이 있지만

깔수록 보이지 않는 네 속은

수렁이다

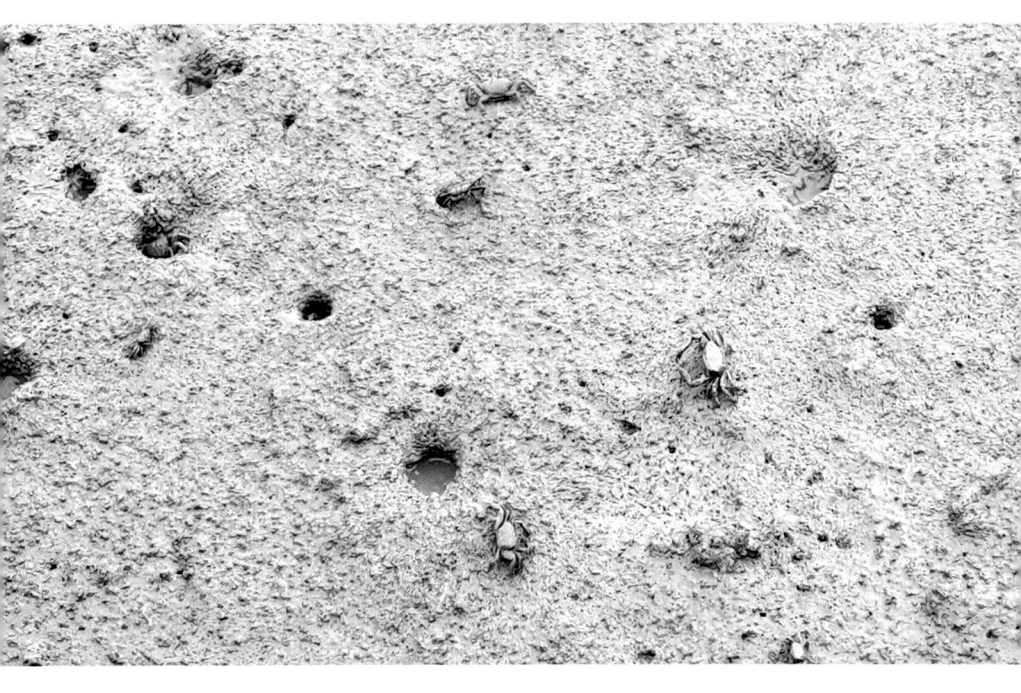

편하다 보니

구르지 않았구나

움직이지 않으면

숨을 쉬어도 산 게 아니야

우연의 일치

때로는,
계획이 어긋난 게
계획보다 더
완전한 때가 있지

47 / 의기투합

48 / 대를 잇다

49 / 성공한 투자

50 / 축복받은 죽음

52 / 삼매경

53 / 안줏거리

54 / 완전 피서

55 / 무아 상태

56 / 늦은 효자 노릇

57 / 땅의 가치

58 / 최대와 최소 사이

59 / 네 집은 네가

61 / 가을의 기도

62 / 지구의 방랑자

63 / 허무한 투쟁

65 / 발에 대한 연민

66 / 수녀의 기도

67 / 지혜의 원칙은

68 / 추억 불러오기

69 / 해골을 가불하다

이지선 DICAPOEM

2

지구의
　　방랑자

의기투합

몇 번이나 무너졌나?
몇 번이나 싸웠나?
수없이 충돌하다
두 손 번쩍 들 때쯤엔
합의점에 이룬 성공이겠지

대를 잇다

시집갈 땐 시아버지
장가갈 땐 장모님을 보면
80%는 안전 투자

성공한 투자

대출받아

지방에

열심히 투자한 결과

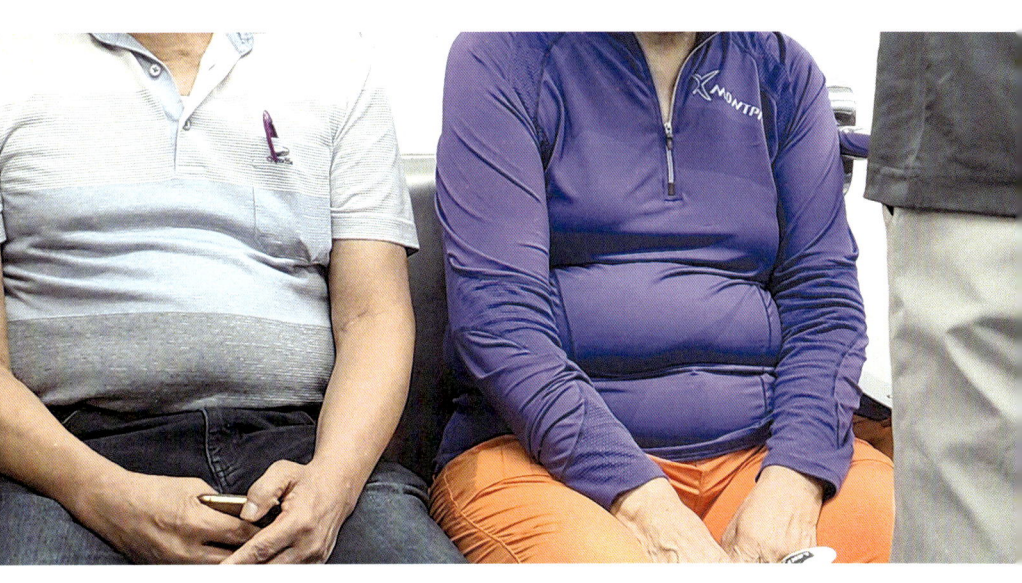

축복받은 죽음

손주한테 기도 받는 죽음은
어떤 삶을 살았던 성공한 분이다

이지선

삼매경

피하고 싶지 않은 피서

안줏거리

주방 밖에서만
주방장

완전 피서

그렇다고
청정지역에
똥까지 싸진 말아주길

무아 상태

순간이 멈춘 그 속에
영원과 찰나가 공존할 때

늦은 효자 노릇

묘 속의 주인은
성묘 상에 잔치보다
살아 냉수 한 그릇
더 바랐을 터다

땅의 가치

죽은 자의 땅과
살아 있는 자의
땅의 가치는
얼마나 차이 날까?

최대와 최소 사이

있는 그대로
인정해 주면
스스로 균형을 이룬다

네 짐은 네가

네가 져야 하는
삶의 무게
지금부터 훈련해야지

가을의 기도

행복하지 못한 건
모두와 같이 있지만
내가 나와 같이 있지 않아서다

지구의 방랑자

지구로 여행 온 자는
짐 없이 도착한다
본집에 돌아갈 때
여행의 체험만을
가져갈 수 있기에

허무한 투쟁

의미보다
강자의 이해관계가 우선일 때
모든 게 허무한 결과다

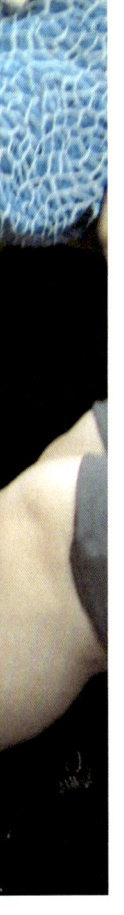

발에 대한 연민

손에는 반지로 위로했지만
발에는 해 준 게 없어 미안해할 때쯤
발은 이미 삐져 있었다
젊어서부터 인정해 주자
늙어 버림받기 전에

수녀의 기도

힘없는 자의 기도보다
힘 있는 자의 기도를
편들어 준 신을
믿어야 할지

지혜의 원칙은

귀는 크게
입은 작게

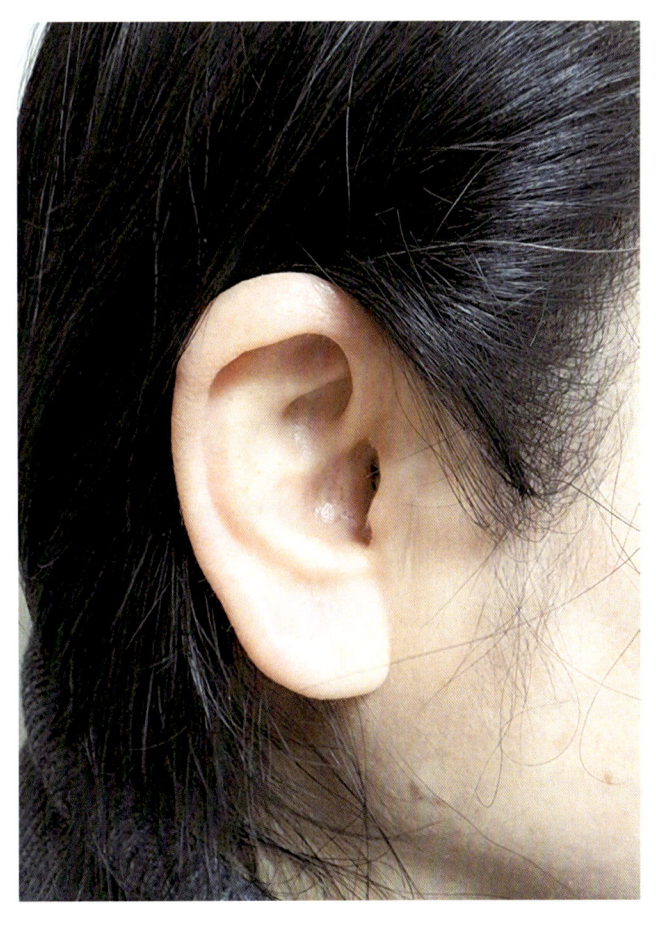

추억 불러오기

오늘의 고통도
먼 훗날 추억이 될 게다
그리워진 그때는
지금보다 더 아팠었지

해골을 가불하다

어차피 그런 모습일 텐데
굳이 가불해서 보여주고 싶었나?

73 / 증거
74 / 상처, 꽃이 되다
75 / 상처가 아름다울 때
76 / 거꾸로 성장
78 / 사후세계
79 / 혈관
81 / 수를 놓다
82 / 따뜻한 겨울
83 / 무게의 한계
84 / 파이팅
86 / 산에서 복어 낚다
87 / 점령당하다
89 / 살아오는 동안
90 / 황금이불
91 / 엄마의 가슴속
93 / 인공관절
94 / 명당자리
95 / 기고만장하더니
97 / 받을 준비
98 / 암
99 / 네가 일으켜

이지선 DICAPOEM

3

상처가
아름다울 때

증거

여름부터 준비한 봄맞이
겨울의 어둠과 침묵도
생명을 품고 있어 견디어냈다
새싹은,
살아 있음을 증거 하는 생명의 절규다

상처, 꽃이 되다

상처도
부끄러움 없이 내어 줄 때
그 위에 또 다른 꽃이 핀다

상처가 아름다울 때

누군가에게
치유의 약으로 쓰일 때

거꾸로 성장

차가운 것들의 성장 법

사후세계

막상 가보니
이 모습일까
두려워

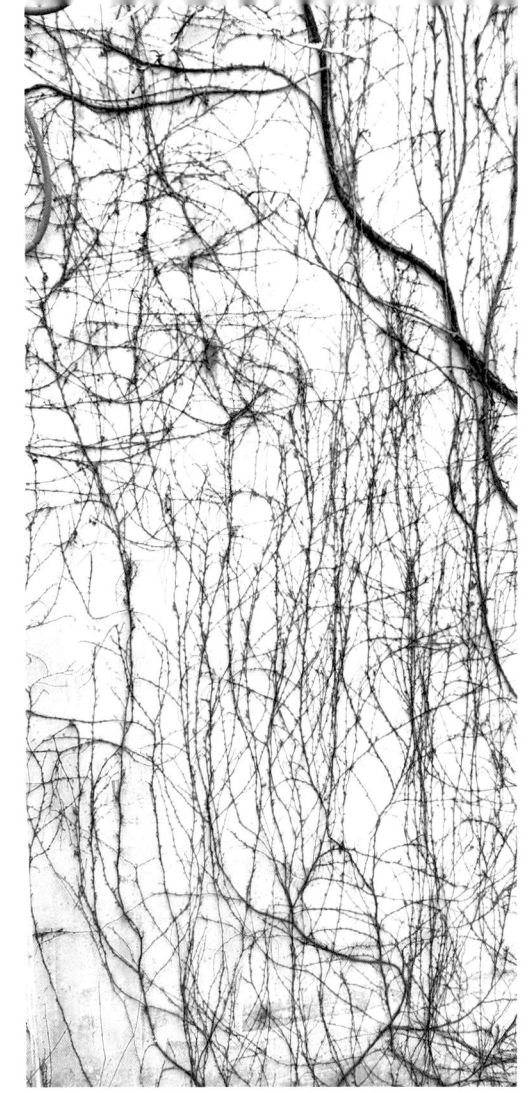

혈관

내 몸 혈관의 길이가
지구 두 바퀴 반이나 돌 수 있다는데
오늘 내가 살아 있음이 기적이다

수를 놓다

죽어 있는 거대한 물건도
살아있는 미소微小한 생명을 이길 수 없다
죽은 것을 살아있게 포장할 수 있는 건
살아 있는 것들이다

따뜻한 겨울

벌거벗은 게
부끄럽지 않게
가지에 온정溫情하나
걸어 놓았네

무게의 한계

기어야 하는 식물은 땅바닥에
매달려야 하는 식물은 땅 위에
각자의 본성에 충실한 게
삶의 무게를 줄이는 순리

파이팅

오늘,
씨앗 하나 움 틔워
가슴으로 키워 봐
모든 꽃은 심장에서 피워내지

산에서 복어 낚다

바다에서 잡든 산에서 잡든
독이 있는 건
함부로 먹어서는 안 되지

점령당하다

굳어 있는 것은
부드러운 것은 이길 수 없다

살아오는 동안

뜯기고 찢기고 살을 도려내면서도
살아내야 했다
가슴에 뚫린 구멍은
무엇으로도 메울 수 없어
지금도 바람이 드나든다

황금이불

금값이 고공 행진하는데

떨어지는 금빛으로 황금이불 만들어

멀리 떠난 임을 붙들어 올까나

엄마의 가슴속

속이 타버려 껍데기만 남은
　　엄마의 가슴속
　　엄마가 되어 보니
　　　이제야 보인다

92

인공관절

미래의 내 무릎을 보다

명당자리

터 잡고
뿌리내리면
그게 명당이지

기고만장하더니

꺾였다

받을 준비

큰 손을 준비했는데
쌓은 공덕이 없어
하늘에서 줄 게 없다네

암

시작은 미약하나
결과는 창대하다

네가 일으켜

봄바람 산들바람 개혁의 바람
기다리지 말고 일으켜봐
그러면 돌아갈 거야
뭐? 나부터 일으키라고?

103 / 신과 숨바꼭질
104 / 낙타
105 / 개 팔자
106 / 화려함의 함정
109 / 개새끼가 아깝다
110 / 수컷이라 부끄러워
111 / 바바리 맨
113 / 이상적인 부부
114 / 부부싸움 후유증
115 / 탈출 시도
117 / 1980년 트라우마
118 / 금수저
119 / 멸종위기
120 / 근무 중
121 / 휴식 중
122 / 식사 전 감사기도
123 / 무늬
124 / 지켜보고 있다
126 / 태풍의 눈
127 / 보면 보인다
129 / 치매증

이지선 DICAPOEM

4

개새끼라고 부르기엔

신과 숨바꼭질

너 어디에 있니?
빌딩 숲에 있었는데요
지금은?
당신 보기 부끄러워
지하에 숨었어요

낙타

사막에서는 낙타가 나를

기다리는 줄 알았어

내가 낙타를 찾아

먹여 주고 다독여 주어야

등을 허락하더라

개 팔자

사람 팔자八字보다
하나 더 많은 구자九字를
부러워하는 사람 많지
아니,
구拘가 되고 싶어 하는 사람도 많아

화려함의 함정

속을 감추기 위해
겉을 꾸미지
속을 볼 수 있는 눈은
아무나 가지고 있지 않거든

이지선

개새끼가 아깝다

개새끼보다 못한
사람 새끼가 많아
개새끼라고 부르기엔
개가 아깝다

수컷이라 부끄러워

여자들만 있는 사무실에

혼자라서

바바리 맨

몸단장도 거시기하네

이상적인 부부

같이
한곳을 바라보는 사이

부부싸움 후유증

그림자만 보느라
눈을 마주 보지 않아
주변이 폐허 됨을
보지 못했다

탈출 시도

어차피 성공 못 할 줄은 알아
탈출해도 더 나을 게 없다는 것도
그러나,
살아 있기에 시도는 해봐야지

1980년 트라우마

죽 쑤어 개 준 역사
피 묻은 깃발에 앉은
전○○를 연상하다

금수저

태어날 때
증여받은 집이
평생 감옥이었다

멸종위기

나만 당하는 게 아니야
자연이 복수를 시작했거든
흔하던 동물이 사라지면
다음은 인간 차례지

근무 중

꽃 속에 있으니 좋겠다

아니라고?

휴식 중

휴식은 역시 꿀맛이야

식사 전 감사기도

꽃을 피우게 해준
해와 달, 별과 바람, 비와 태풍, 눈과 서리까지
모두에게 감사를

무늬

남들은 결승점에 도착했는데
넘어진 상처로 오랫동안 앓았네
등수 안에 들지 못했어도
남들에게 위로 줄 상처 한 점 가졌네

지켜보고 있다

누가 도둑인지

이지선

태풍의 눈

분노가 응집됐을 때

보면 보인다

볼 수 있는 눈을 가진 자만이

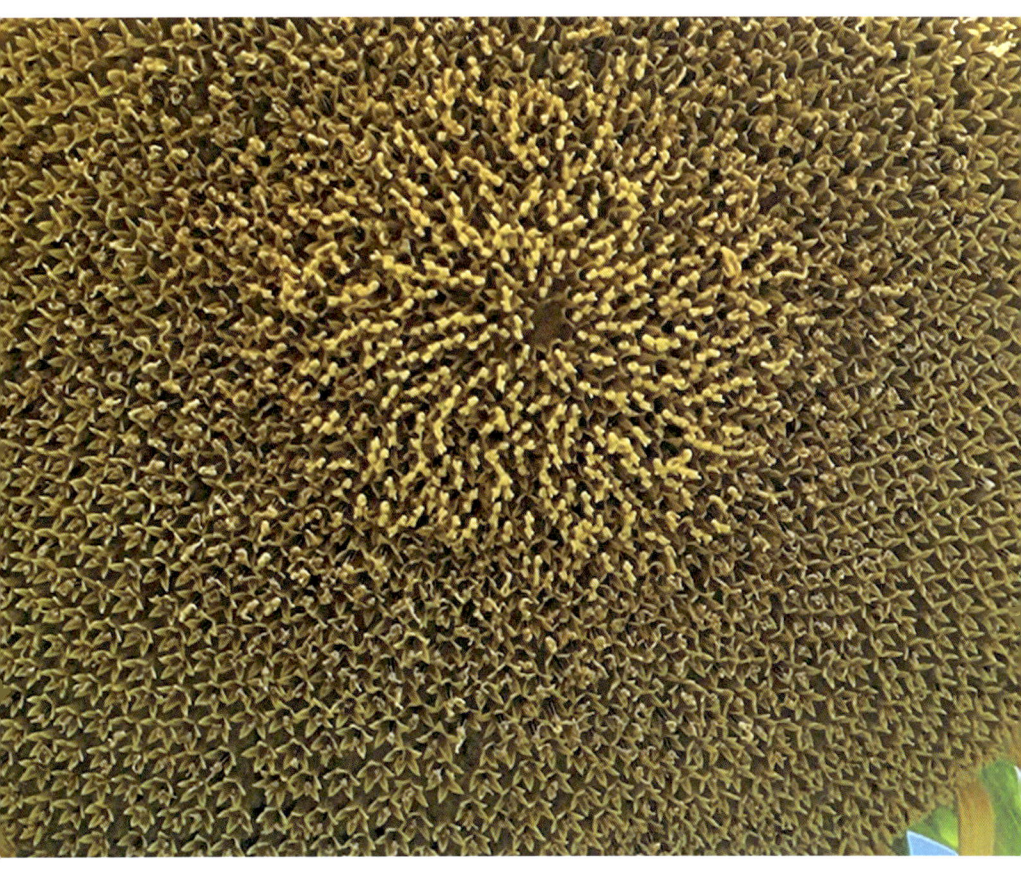

치매중

누구라도 그쯤이면 그렇지
빙빙 도는 게 치매만은 아니지만

132 / 슬픔의 무덤
134 / 숙성 과정
135 / 천국에서도 파이팅
137 / 날고 싶어
138 / 새로운 길
139 / 잡힐까
141 / 달려라 지금
142 / 한 끗 차이
143 / 굳은 결심
144 / 불안정
146 / 소원 쌓기
147 / 작품 전시회
148 / 외할머니
149 / 꼰대 어른
150 / 달팽이 화장실
151 / 효용성의 대비
153 / 일꾼들의 휴식
154 / 신들의 단합대회
155 / 아니지 않은가
156 / 기도를 사다

이지선 DICAPOEM

5

달려라
지금

슬픔의 무덤

차곡차곡 쌓인
슬픔의 껍데기가
나이테로 늙어가다

숙성 과정

숙성되지 않은 날것들로
떫은 삶을 살았어
기다림의 시간을 아끼느라
설익은 밥을 먹고
소화불량에 시달렸지

천국에서도 파이팅

살아서

천국에 산 사람이

죽어서도

천국을 찾아갈 수 있다

날고 싶어

날려 보내고 싶지 않아
발을 붙잡고 있는
부모의 과잉보호

새로운 길

길이 없으면 만들어야지
내가 만든 길이 내 길이야

잡힐까

복권 사들인

값을 모으면

당첨된 값

한 끗 차이

산 자와 죽은 자의 차이는
누워 있느냐 서 있느냐다

달려라 지금

달리고 싶은 기차를
막아선 자 누군가

굳은 결심

마음을 굳히면
혈액순환이 안 돼
손을 펴야
도움의 손을 잡을 수 있어

불안정

삶은
위태로울 때
스릴 있다

소원 쌓기

돌을 쌓는 대신
공을 쌓아야지

작품 전시회

심혈을 기울여 삶을 만든다
작품을 전시해 평가 받지만
만드는 순간 행복했으면
걸작이 아니어도 좋다

외할머니

울적할 때

외할머니가 보고 싶은 건

나만 보면

외할머니 입꼬리가 올라가서다

꼰대 어른

알지도 못하면서
가르쳐 주려고 애쓰는 어른

달팽이 화장실

변비 걸린 사람을 위한 화장실엔
성질 급한 사람 출입 금지

효용성의 대비

큰 것과 작은 것
어느 것도 내 것이 아니다
나는 모두의 것이고
모두의 것이 아니다

일꾼들의 휴식

어르신과 같이 낡아간 연장도
정년퇴직 없이 일하다
지쳐 휴식 중이다

신들의 단합대회

신 노릇하다
신에게 들켜버렸다
신의 눈이 그렇게 많을 줄이야

아니지 않은가

그렇게 까지 해서
돋보이고 싶었니?

이지선
DICAPOEM

기도를 사다

누구를 위해 기도를 사줄까?

나, 가족, 사회,

그냥 내가 하기로 했다

진정을 다 해

이지선

161 / 석양에는

162 / 유사 언론

163 / 우렁각시

164 / 건강 지킴이

165 / ㅇ과 ㅁ사이

166 / 굽어짐의 미학

168 / 작가의 내면

169 / 가상과 현실

171 / 무궁화 십자가가 물었다

172 / 무궁화

174 / 여행과 방황 사이

175 / 불안의 원인

177 / 성장의 속도

178 / 향수

179 / 운동화의 꿈

181 / 장작

182 / 귀여운 무기

183 / 옛날이 좋았다고?

185 / 보시의 종류

186 / 현대인

187 / 퇴행

188 / 흙수저로 태어나다

190 / 추억 속의 그녀

191 / 평화는

193 / 적응력

이지선 DICAPOEM

흙수저로 태어나다

6

석양에는

해가 중천에 있을 때는
나와 한 몸이던 그림자
석양에는 나보다 더 커 보여

유사 언론

진짜보다 더 진짜 같은 가짜가
가짜보다 더 가짜 같은 진짜를
우롱하는 언론의 소리

우렁각시

고마워
내게 와 주어

건강 지킴이

먹는 것보다
쌓아 놓는 것보다
잘 배설하는 게
사람과 사회를 건강하게 하지

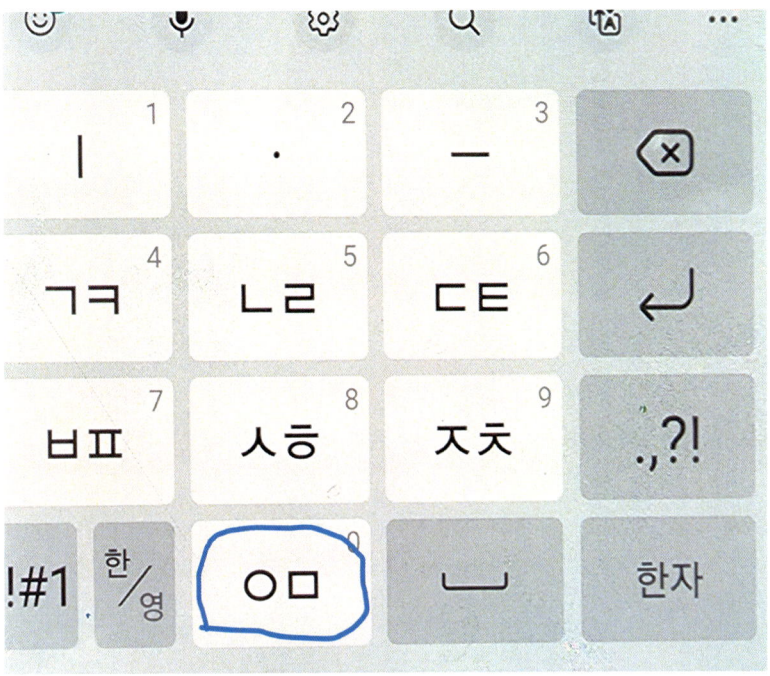

ㅇ과 ㅁ사이

사람이라 쓰다가
사랑으로 오타가 났다
ㅁ이 얼마나 닳아야 ㅇ이 될까
ㅁ과 ㅇ이 같은 자리에 있는 건
사랑으로 사람을 다듬으라는 메시지인가?

굽어짐의 미학

유연한 것만이 굽어질 수 있다
굽힐 줄 아는 것만이
오래 살아남는다

작가의 내면

외로움을 꼭꼭 씹으면

단맛이 빠진 그리움이

껌이 되어 남는다

가상과 현실

어느 게 진짜일까?
보이는 것을 믿지 못해
보이지 않는 것을 믿기로 한다

십자가가 물었다

눈으로 보았는가?
가슴으로 보았는가?
귀에 담았는가?
심장에 담았는가?
보고 담은 게 너를 성장시켰는가?

무궁화

4.19 묘역에
무궁화가 피었었나?
피기도 전에
잘라버리지 않았나?

여행과 방황 사이

돌아갈 곳이 없는 여행은 방황이다
도착했을 때 안심인 건
돌아갈 집이 있어 느끼는 후유증

불안의 원인

땅에서도
하늘에서도
정착하지 못해서

성장의 속도

속을 비우지 못해
성장이 멈추었나보다

향수

두고 온
부모 대신
모셨던 혼

운동화의 꿈

예전처럼 출근하고 퇴근하고 산책하고
당연했던 일상이 특별해지면서 꿈을 꾸어요
주인처럼 우울증에 걸리지 않으려고

장작

입으로만 불이 되었다
재가 되는 두려움에
장작이 되어 주지 못했다

귀여운 무기

더 많은 사람을 죽이기 위해
최첨단 무기를 사람이 만든다는 게
원숭이가 비웃을 일이지요

옛날이 좋았다고?

이곳에

이사시켜 줄까요?

보시의 종류

물 한 바가지
퍼마실 수 있도록
지켜봐 주는 것도

현대인

몸도 마음도 영혼도
한곳에 정착하지 못해
혼돈에서 방황하다

퇴행

내
무릎 허리만
퇴행한 게 아니네

흙수저로 태어나다

네 탓이 아니야
그러나,
최선을 다하지 않은 건
네 탓이지

추억 속의 그녀

뇌 속에 박혀 꺼내오지 못하는
긴 머리 휘날리는 그녀

평화는

멀리서도 가까이서도
눈을 맞추는
무료하고 지루한
단순한 일상

적응력

어디서든
뿌리내려
잘 살아내는 놈이
잘 살아남은 놈이다

197 / 아픈 모정
198 / 행복한 가족
199 / 쫄지 마!
200 / 세 자매
202 / 미사 제대
203 / 저승에서 만나면
204 / 정상에서
207 / 그녀의 고민
208 / 그믐달의 전설
209 / 태양을 모방하다
211 / 선녀
212 / 초승달이 품은 진주
213 / 기다리는 중
215 / 완전한 사랑
216 / 지루하겠다
217 / 다리
218 / 밀도
219 / 누가 이길까
220 / 어둠이 올 징조
221 / 명상이 필요해
223 / 내 머릿속
225 / 경계선

이지선 DICAPOEM

7

저승에서 만나면

아픈 모정

모성까지 짓밟고
일어섰던 권력자는
어머니 없이 태어난 아메바
지금도 우리 세포에 붙어있는

행복한 가족

먹을 때

찡 때

웃을 때도 같이해서

쫄지 마!

쓸 만한데
움츠리지 마!
당당하면
더 쓸 만해

세 자매

한 어머니 뱃속에서 나온 게 분명하다
잃어버리면 못 찾을 일 없겠다

이지선

미사 제대

제주도의 아픔을 치유하려
미사 때마다
제주도를 봉헌한다

저승에서 만나면

참,
난처하겠다

정상에서

정상을 향해 걷는 이여!
배낭에 꽃씨 한 줌 넣어 가렴
걷는 곳곳마다 꽃씨 뿌려 놓으면
내려올 때 외롭지 않으리니

그녀의 고민

항상 떠나는 연습을 한다
가슴속 섬으로

그믐달의 전설

밤새도록 해를 기다리다
해가 올 참이면
수줍어 달아나는
가슴 봉긋한 소녀

태양을 모방하다

자기 닮은 모습으로
신을 만든다

선녀

나풀거리는 옷 입고
돌 속에서만 있으렴
요즈음은
청바지 입은 선녀가 대세라서

초승달이 품은 진주

뜨거운 사랑보다
따뜻한 사랑이
우리를 구원한다.

기다리는 중

누구나 앉을 수 있지만
아무나 앉으면 아니 되는
값은 싸지만
앉은 값은 비싼
의자의 주인을

이지선

완전한 사랑

둘이 하나 되어
두 가지 기능으로
움직이는 것

지루하겠다

참,
질서 정연하네

다리

너와 나 사이에
다리가 없어
우리는 비껴간
인연이었네

밀도

정을 정리하는데도
사랑한 밀도만큼
시간의 길이가 필요해

누가 이길까

부드러운 것과
굳어 있는 것
약하게 살아 있는 것과
강하게 죽어있는 것 중에

어둠이 올 징조

등이 꺾어졌다
누가 고칠까?

명상이 필요해

머릿속에
꽃만 가득 차 있어도
돌멩이만 가득 차 있어도
네 생각으로 가득 차 있어도

내 머릿속

버릴 것만 가득하다

경계선

내가 너한테
네가 나한테
돌을 던진다 해도
맞지 않을 만큼의 거리에서
사이좋게 지내기

228 / 천국 가는 길
229 / 그리움
231 / 부러움
232 / 사고당하다
234 / 믿지 마
235 / 눈물
236 / 깃봉
237 / 슬픔의 강도는
238 / 약수저
239 / 영혼의 방
241 / 핵가족
242 / 촛불집회
244 / 다문화
245 / 역시 장미

246 / 은밀한 유혹
248 / 알부자
249 / 도전
251 / 소복 입은 여인
252 / 꽃이라 부른다
253 / 뿌리가 꽃에게
254 / 구원하다
256 / 미녀와 야수
257 / 괜찮아
258 / 다시 한 번 사랑을

이지선 DICAPOEM

8

다시 한 번
사랑을

천국 가는 길

꽃씨 뿌려 가꾸고
꽃길 만들어
그 길로 인도한 사람만이
갈 수 있는 길

그리움

꼭꼭 씹으면

짠 내가 난다

부러움

때가 되면
너도 그렇게 돼
기다려

사고당하다

비록 모양은 아니지만

남은 꽃잎으로

열매는 익혀야지

믿지 마

눈에 보인다고
다 믿지 마
내 키가 이렇게 큰 건
사진사의 조작이야

눈물

몰래 흘린 눈물을
증발시키면
이 같은 수정체가 나올 것이다

깃봉

연 깃봉에 태극기 달고
백두산 정상에서
통일의 함성 지르다
목이 터지고 싶다

슬픔의 강도는

사랑이 떠날 때
사람이 떠날 때
사랑한 사람이 떠날 때
사랑하지 않은 사람 옆에
오래 붙어 있어야 할 때 중에

약수저

육신의 아픔과
마음의 병까지
치유할 것 같은

영혼의 방

귀 기울이면 속삭이는 소리
아무나 들을 수 있지만
아무에게나 들리지 않는 소리
혼자 들어가 침묵할 때만
들리는 울림의 소리

핵가족

북한 핵에
면역이 된 건
우리 가정 모두가
핵으로 무장해서다

촛불집회

나를
태워
뜻을 밝히다

다문화

색이 다른 서로가
서로를 받아들여
색다른 꽃을 피우다

역시 장미

어디에서 피워도
네 모습을 잃지 않은 게
가시까지 사랑받는 이유다

은밀한 유혹

때로는
빠지고 싶은
수렁

알부자

작은 것에
가진 것에
흡족해하는 사람

도전

무모한 건
용감한 거지
시작도 안 해보면
꽃은 언제 피워

소복 입은 여인

여러 명의 자식을
혼자 키워야 하는
젊은 여인의 하얀 슬픔

꽃이라 부른다

봄에 피는 꽃도
가을에 피는 꽃도
모두 꽃이라 부른다

뿌리가 꽃에게

네가
화사하게 웃는 것만으로도
나는 견딜 수 있어

구원하다

네 웃음이
작품으로
벽에 걸리다

미녀와 야수

미녀라서 야수를 좋아할 수 있어
추녀는 상대에게서
자기를 보고 싶지 않거든

괜찮아

벌레가 좀 먹은들 어때?

받아들이면 특별한 모양이 되잖아?

씨를 익힐 수 있으면 성공한 꽃이지

다시 한 번 사랑을

그래,
다시 시작해 봐
사랑은 연습 없는 실전이지만
경험을 살려 숙성할 수는 있어
잘 발효되면 오래도록 간직할 수 있지

이지사 259
DICAPOEM